Table des matières

About this book
This book introduces children learning French to some key words for talking about the world around them. Simple texts allow the reader to progress beyond single words and to learn some useful phrases. Regular questions encourage children to talk about themselves and give their own opinions. A quiz is provided on page 22-23 to check how well you have remembered some of the new words, with answers at the bottom of the page. A translation of all the text appears on page 24.

le toit

Tu habites où?
Une maison?
Un appartement?

la ferme

la chaumière

la maison ancienne

l'appartement

French Words I

À la maison

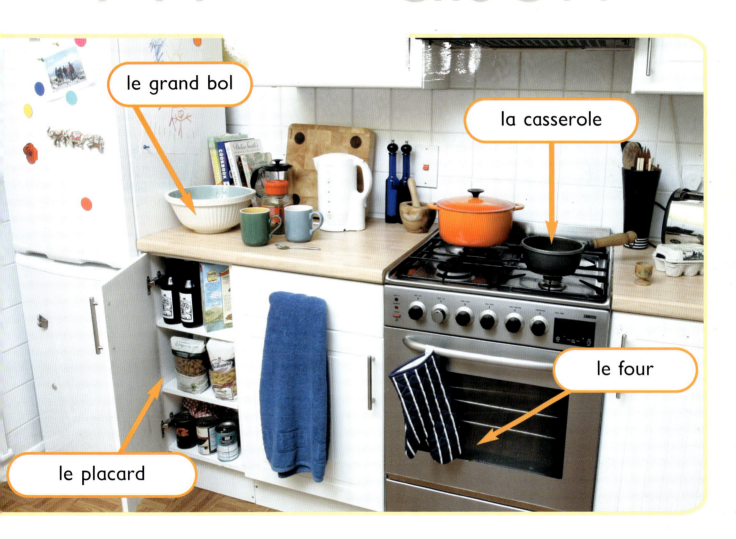

le grand bol

la casserole

le four

le placard

Sue Finnie & Danièle Bourdais

FRANKLIN WATTS
LONDON • SYDNEY

This edition 2010

Franklin Watts
338 Euston Road
London NW1 3BH

Franklin Watts Australia
Level 17/207 Kent Street
Sydney, NSW 2000

© Franklin Watts 2005

Editor: Rachel Tonkin
Series design: Mo Choy
Art director: Jonathan Hair
Photography: Chris Fairclough
Literacy consultant: Gill Matthews

A CIP catalogue record for this book is
available from the British Library

ISBN: 978 0 7496 9625 2

Dewey classification: 643

Printed in China

Franklin Watts is a division of Hachette Children's Books,
an Hachette UK company.
www.hachette.co.uk

Là où j'habite

Laura habite dans un village. Elle habite **une maison moderne**. Elle habite avec sa maman et ses deux petites sœurs. Son papa habite **un appartement** en ville.

le pavillon

la fenêtre

la porte

la maison moderne

C'est confortable

"Salut! Je m'appelle Laura. J'ai 12 ans. Chez moi, c'est confortable. J'aime bien le salon. Je suis assise sur **le sofa**, je lis **le journal** et j'écoute de la musique. C'est relax!"

Tu aimes bien ton salon?
Oui ☑ Non ☒

la plante verte

les rideaux

le coussin

le sofa

le journal

le tableau

le téléphone

la chaîne hi-fi

le jouet

la table

la photo

le tableau

la cheminée

la télévision

les vidéos

les jeux de société

les DVD

8

la lampe

la bougie

le coussin

le tapis

le fauteuil

Dans le salon

"J'aime regarder **la télé.** Je regarde aussi **des vidéos** et **des DVD**. Je joue à **des jeux de société** avec mes petites sœurs. Mon jeu préféré, c'est le Scrabble."

Ton jeu préféré, c'est quoi? C'est...

On fait la cuisine

Laura aide à la maison. Elle fait la cuisine. Aujourd'hui, elle fait une omelette. Il y a **des œufs** et du lait dans **le frigo**. Elle prend **un grand bol** dans **le placard**. Tout est prêt!

Tu fais la cuisine?
Oui ☑ Non ☒

le frigo

le grand bol

la tasse

le placard

la bouilloire

le grille-pain

la casserole

la cuisinière

le four

le gant de cuisine

les œufs

À table !

Laura a mis la table pour le déjeuner: **les assiettes**, **les couteaux**, **les fourchettes**, **les serviettes** et **les verres**.

le verre

le pain

le couteau

l'assiette

la fourchette

la chaise

l'eau

Tu mets la table?
Oui ☑ Non ☒

la salade

la nappe

la serviette

le gobelet

13

le fer à repasser

les fruits

la théière

le torchon

Dans la cuisine

Après le repas, Laura fait une salade **de fruits**. Ensuite, elle aide sa maman à faire la vaisselle. Sa maman lave la vaisselle dans **l'évier** et Laura essuie avec **le torchon**.

14

Dans la salle de bains

La salle de bains de Laura est bleue. **Sa brosse à dents**, **sa serviette** et **son éponge** sont bleues. **Son gant de toilette** et **son peignoir** sont bleus.

le bain moussant

le peignoir

la douche

la serviette

Dans ma chambre

"J'adore ma chambre. J'ai **un lit** confortable. J'ai **un bureau** et une chaise, **une commode** et **un fauteuil**. Il y a aussi **mes peluches** – J'adore **les peluches!**"

l'oreiller

le lit

les peluches

les pantoufles

la couette

le coussin

Dans le jardin

Il y a du soleil. Les petites sœurs de Laura jouent sur **la cage à poules** avec des copines. C'est amusant! Dans le jardin, il y a **des arbres** et **des fleurs**. C'est joli!

Tu as un jardin chez toi?
Oui ☑ Non ☒

la cage à poules

le mur

les fleurs

la pelouse

les arbres

la balançoire

le toboggan

C'est quoi?

1. a) le gobelet   b) la tasse

2. a) la commode b) le lit

3. a) les rideaux b) les peluches

4. a) le fauteuil b) la table

5. a) les œufs b) le pain

6. a) la baignoire b) le lavabo

7 a)
8 b)

9 a)
10 a)

11 b)
12 b)

7. a) la bouilloire b) le frigo

8. a) la photo b) le tapis

9. a) la plante verte b) le bol

10. a) le jardin b) la cuisine

11. a) la casserole b) la théière

12. a) le pain b) l'eau

Translation

AT HOME

Pages 4-5 Where I live
Laura lives in a village. She lives in a modern house. She lives with her mum and her two little sisters. Her dad lives in a flat in town.
Q: Where do you live? A house? A flat?

l'appartement	flat
la chaumière	cottage
la fenêtre	window
la ferme	farmhouse
la maison ancienne	old house
la maison moderne	modern house
le pavillon	bungalow
la porte	door
le toit	roof

Pages 6-7 It's comfortable
"Hello! My name is Laura. I'm 12 years old. It's comfortable in my home. I really like the living-room: I'm sitting on the sofa. I'm reading the newspaper and listening to some music. It's relaxing!"
Q: Do you like your living room? Yes/No

la chaîne hi-fi	stereo
le coussin	cushion
le jouet	toy
le journal	newspaper
la plante verte	plant
les rideaux	curtains
le sofa	sofa
le tableau	picture
le téléphone	telephone
la table	table

Pages 8-9 In the living-room
"I like watching telly. I watch videos and DVDs too. I play board games with my sisters. My favourite game is Scrabble."
Q: What is your favourite game? It's...

la bougie	candle
la cheminée	fireplace
le coussin	cushion
les DVD	DVDs
le fauteuil	armchair
les jeux de société	board games
la lampe	lamp
la photo	photo
le tableau	picture
le tapis	rug
la télévision	television
les vidéos	videos

Pages 10-11 Cooking
Laura helps at home. She does the cooking. Today she is making an omelette. There are some eggs and some milk in the fridge. She takes a big bowl out of the cupboard. Everything is ready!
Q: Do you cook? Yes/No

la bouilloire	kettle
la casserole	saucepan
la cuisinière	hob
le four	oven
le frigo	fridge
le gant de cuisine	oven glove
le grand bol	large bowl
le grille-pain	toaster
les œufs	eggs
le placard	cupboard
la tasse	mug

Pages 12-13 Lunch time!
Laura has set the table for lunch: plates, knives, forks, serviettes and glasses.
Q: Do you set the table? Yes/No

l'assiette	plate
la chaise	chair
le couteau	knife
l'eau	water
la fourchette	fork
le gobelet	beaker
la nappe	table cloth
le pain	bread
la salade	salad
la serviette	serviette
le verre	glass

Pages 14-15 In the kitchen
After the meal, Laura makes a fruit salad. Then she helps her mum to do the washing-up. Her mum washes up in the sink and Laura dries with the tea-towel.
Q: Do you do the washing-up? Yes/No

les assiettes	dishes
les couverts	cutlery
l'évier	sink
l'égouttoir	draining board
le fer à repasser	iron
les fruits	fruit
la machine à laver	washing machine
le robinet	tap
la théière	teapot
le torchon	tea towel

Pages 16-17 In the bathroom
Laura's bathroom is blue. Her toothbrush, her towel and her sponge are blue. Her flannel and her dressing gown are blue.
Q: What colour is your toothbrush?

la baignoire	bath
le bain moussant	bubble bath
la brosse à dents	toothbrush
la douche	shower head
l'éponge	sponge
le gant de toilette	flannel
le lavabo	basin
le miroir	mirror
le peignoir	dressing gown
le robinet	tap
la serviette	towel

Pages 18-19 In my bedroom
"I love my bedroom. I've got a comfortable bed. I've got a desk and a chair, a chest of drawers and an armchair. There are my cuddly toys too... I love cuddly toys!"
Q: What have you got in your bedroom?

le bureau	desk
la commode	chest of drawers
la couette	duvet
le coussin	cushion
le lit	bed
l'oreiller	pillow
les pantoufles	slippers
les peluches	cuddly toys
la photo	photograph
les rideaux	curtains

Pages 20-21 In the garden
It's sunny. Laura's little sisters are playing on the climbing frame with some friends. It's fun! In the garden there are trees and flowers. It's pretty!
Q: Do you have a garden at your home? Yes/No

les arbres	trees
la balançoire	swing
la cage à poules	climbing frame
les fleurs	flowers
le mur	wall
la pelouse	grass
le toboggan	slide